MIT PERSISKE KØKKEN

- ET BORD AF FRISTELSER

Mit persiske køkken

- et bord af fristelser

C. Tolstrup

MIT PERSISKE KØKKEN

- ET BORD AF FRISTELSER

COPYRIGHT © C. TOLSTRUP 2021
BILLEDER COPYRIGHT © C. TOLSTRUP 2021
FORFATTER: C. TOLSTRUP
LAYOUT OG GRAFISK TILRETTELÆGGELSE:
C. TOLSTRUP

FORLAG: BOD – BOOKS ON DEMAND, HELLERUP, DANMARK
TRYK: BOD – BOOKS ON DEMAND, NORDERSTEDT, TYSKLAND

ISBN 9788743044314

Til mine børn.

INDHOLD

INDLEDNING 9

RIS 10

SAFRAN OG ANDRE KRYDDERIER 13

LETTE RETTER OG TILBEHØR 15
Traditionel salat fra Shiraz 16
Urtefad 18
Yoghurt med agurk og rosiner 19
Cherrytomater i eddikelage 20
Skalotteløg i eddikelage 21
Æggekage med urter 22
Brød med fetaost og vandmelon 24
Yoghurt med agurk 25
Yoghurt med skalotteløg 26
Yoghurt læskedrik 27
Pirogger med oksekødsfyld 28
Kartoffelfrikadeller med tun 31
Kartoffelfrikadeller med oksekød 32
Kyllingesalat med kartofler 34
Æggeret med auberginer 36
Barbar brød 37
Auberginer med kashk 40

HOVEDRETTER 43

Sammenkogt ret med mandelflager   44

Sammenkogt ret med squash   47

Sammenkogt ret med okra   49

Sammenkogt ret med gule flækærter   50

Sammenkogt ret med aubergine   53

Kylling i granatæblesauce   56

Sammenkogt ret med urter   58

Sammenkogt ret med bladselleri   60

Gryderet med svesker   61

Mos med gule flækærter og kød   64

Risret med berberis   65

Sammenkogt ret med kylling   68

Ris med hvidkål og kødboller   69

Risret med hestebønner og dild   71

Risfad med kylling og yoghurt   73

Risret med linser   76

Makaroni   78

Risret med grønne bønner   81

Fyldte grøntsager   83

Store kødboller med ris   86

Ris med nudler   88

Kylling med safran   91

Kyllinge kebab   92

Kebab af hakket oksekød   94

Risret med mungbønner   96

Gulerodsris med kylling   98

DESSERTER OG ANDRE SØDE SAGER   101

Karamel dessert   103

Risbudding med safran   104

Baklava med valnødder   106

Risbudding   109

Småkager med rismel   110

Rosin småkager   112

Persisk kærlighedskage   114

Sesamkaramel   117

Marcipan morbær   118

Persisk nougat   120

Små lette kager   123

Mælkeris (risengrød)   126

Mandelkaramel   128

Chokolade- og bananmousse   129

TAK   131

REGISTER   132

INDLEDNING

Denne bog har været under udarbejdelse gennem de sidste 10 år, og jeg kan nu endelig dele den med dig. Første gang jeg blev introduceret til persisk mad, var gennem min daværende kæreste, og far til mine børn. Hans mor var fantastisk i et køkken, så det var ikke svært hurtigt at falde for de nye smagsindtryk. Da jeg er meget interesseret i madlavning, lærte jeg at lave mange af disse retter, og igennem årene har jeg fået dem skrevet ned. Mad er en meget vigtig del af den persiske kultur, og som i alle andre lande, findes der også her, forskellige måder at lave maden på, alt efter hvor i landet man bor.

I bogen nævner jeg en masse forskellige krydderier, urter og tørrede ingredienser. De kan alle sammen købes hos etniske købmænd.

Bogen er en samling af de opskrifter som jeg holder af at lave til min familie, og som jeg håber at du bliver glad for.

Hver opskrift er til 4 personer.

Velbekomme

Nooshe jân

Ris

Skal man lave iranske ris som er lette og luftige, er det vigtigt at du bruger basmati-ris, da risene er langkornede og derfor bedre holder formen. Du risikerer ellers at risene bliver klistrede når de er færdige. Start med at skylle risene i rigeligt vand, og gentag til vandet er klart. Du vil blive overrasket over hvor meget ris støv der er i risene. Nu skal risene sættes i blød i minimum 2 timer, men du kan også sagtens skylle dem og sætte dem i blød inden du tager afsted på arbejde om morgenen. Hæld vand i til det dækker risene med ca. 5 cm. og tilsæt 2-3 spsk. salt. Vandet bliver hældt fra senere, men saltet hjælper med at holde formen og smagen i risene. Efter 2 timer, kan du se at risene er blevet både længere og hvidere. Hæld nu vandet fra risene igennem en si. Sæt en gryde med rigelig vand over at koge, tilsæt 2 spsk. salt og hæld risene i når vandet koger. Rør forsigtigt rundt. Når risene begynder at udvide sig, skal du prøve at tage et riskorn op og smage på det. Risene er færdige når de er bløde udenpå, men faste indeni. Lidt ligesom når du koger pasta al dente. Hæld dem i et dørslag eller en stor si, og skyl dem under rindende lunt vand. Dette fjerner det saltede og stivelseholdige vand. Sæt gryden tilbage på kogepladen ved høj varme, hæld lidt olie i og vend det rundt i gryden. Tilsæt herefter risene. Lav nogle huller med enden af en grydeske i risene. Dette gør at varmen bedre kan cirkulere rundt, og at dampen kan komme ud. Bind et viskestykke om grydelåget, og læg det på. Viskestykket tager fugten fra risene. Når det begynder at dampe inde i gryden, skruer du ned for varmen til lige under middel varme. Lad dem stå i ca. 30 min. Der vil herefter være dannet en risbund som bliver kaldt tahdig, og som for øvrigt smager rigtig godt. I vores familie er der altid kamp om den. Fyld nu lidt koldt vand i køkkenvasken, og sænk hurtigt gryden ned i det. Dette hjælper med at løsne tahdigen fra gryden. Hæld risene op på et fad, bræk tahdigen i mindre stykker, og læg den ovenpå risene.

Et lille tip:

Skal du lave ris til mange, kan du nemt risikere at risene bliver klistrede, da varmen har svært ved at cirkulere rundt. Følg derfor anvisningen frem til hvor risene er blevet kogt og skyllet, og hæld dem herefter i en stor bradepande, og læg stanniol over. Sæt dem i ovnen på 200° C i ca. 30 minutter. Risene skulle nu være klar til at spise. Der bliver dog ikke dannet risbund på denne måde.

Tahdig kan også laves med:

- ❖ Kartoffelskiver, drysset med lidt salt + 3 spsk. safraninfusion.
- ❖ Kogt pasta
- ❖ Fladbrød
- ❖ Cornflakes

Det skal så bare i gryden, før risene bliver sat over og dampe færdig. Jeg tilsætter dog altid ca. ½ dl. vand når jeg laver det med kartofler, brød eller cornflakes.

SAFRAN OG ANDRE KRYDDERIER

Safran

Safrankrokos (Crocus sativus) stammer fra Middelhavsområdet. Det er verdens dyreste krydderi, dels pga. fremstillingen og forarbejdningen. Safrantrådene, de små støvdragere der sidder i blomsten, bliver håndplukket, så prøv lige at forestille dig hvor mange safrankrokus der går til den lille mængde vi køber. Sørg altid for at købe safrantråde, da man ikke altid ved hvad man får, når man køber den pulveriseret safran. Det kan være blandet op med mange forskellige ting, bare for at få vægten højere op, og dermed prisen.

Safran infusion

Udtræk af tørrede plantedele i vand.

Når du skal lave et udtræk af safran, starter du med at koge noget vand. Imens pulveriserer du ca. ½ tsk. safrantråde. Skal det bruges til mad kan du tilsætte lidt salt, det gør det nemmere at knuse. Skal udtrækket bruges til kage el.lign. kan du anvende lidt sukker.
Hæld 1 dl. kogende vand over, og lad det trække. Jo længere tid det får lov at trække, jo kraftigere bliver udtrækket.

Zereshk

Zereshk er små røde bær, som plukkes i efteråret, og herefter soltørres. De bruges ofte i risretter, og smager syrligt. I Danmark kendes de som berberis.

Advieh

Advieh er et blandingskrydderi som kan købes i specialbutikker, men man kan også lave sin egen. Der findes rigtig mange versioner af det. Her er en af dem.

Ingredienser:

4 tsk. kanel

2 tsk. kardemomme

1 tsk. peber

2 tsk. gurkemeje

4 tsk. spidskommen

½ tsk. stødt nellike

2 tsk. tørret rosenblade

Bland det hele sammen i en morter og stød det til fint pulver.
Opbevares i en lufttæt beholder.

Sumak

Sumak er et meget syrligt rødt krydderi som minder lidt om citron. Det bruges i mange retter fra Mellemøsten, og stammer oprindelig fra hjortetakbuske hvor de vokser som små røde bær. Bærrene plukkes og tørres, hvor de derefter stødes til pulver.

Kashk

Kashk er et drænet surmælksprodukt. Det kan købes i glas, men også i tørret udgave. Det har en meget speciel smag, men kan slet ikke undværes i visse retter.

Lette retter og tilbehør

TRADITIONEL SALAT FRA SHIRAZ

Salad-e Shirazi

Ingredienser:

4 tomater
2 agurker
1 løg
3-4 spsk. limejuice

2-3 spsk. olivenolie
150 g. frisk mynte, eller lidt tørret
Salt
Peber

Fremgangsmåde:

Skræl løg og agurker, og vask tomater samt mynte.

Skær agurker, tomater og løg meget fint, og vend det sammen i en skål. Hak mynten fint, og put den i skålen. Tilsæt limejuice, olivenolie, salt og peber. Mix det hele sammen og servér.

Urtefad

Sabzi Khordani

En uundværlig blanding af forskellige urter, som kan spises til næsten alle retter.

Koriander

Radiser

Persille

Basilikum

Estragon

Forårsløg

Mynte

Dild

Du kan f.eks. også tilsætte:

Tomater

Valnødder

Mandler

Fetaost

Skyl urterne godt, og arrangere dem pænt på et fad.

YOGHURT MED AGURK OG ROSINER

Mast-o khiar

Ingredienser:

500 g. græsk yoghurt

1 dl. hakkede valnødder

1 dl. rosiner

1 agurk

½ dl. hakket forårsløg

½ dl. hakket mynte

½ dl. hakket basilikum

½ dl. hakket estragon

1 fed hvidløg

Salt

Peber

Fremgangsmåde:

Start med at skrælle agurken, og flæk den på langs. Skrab kernerne ud, og skær den i små stykker.

Hæld yoghurten i en skål, og tilsæt agurk, rosiner og urter. Riv hvidløget i, og smag til med salt og peber. Sæt yoghurten på køl i 1 times tid.

CHERRYTOMATER I EDDIKELAGE

Torshi-ye gojeh farangi

Ingredienser:

500 g. cherrytomater
2 tsk. salt
Eddike

Dildfrø
3-5 fed hvidløg

Fremgangsmåde:

Tag cherrytomaterne af stilken, og skyl dem godt.

Hæld dem på et rent glas, og drys salt over.

Put hvidløgsfed og dildfrø i, og fyld op med eddike. Eddiken skal dække tomaterne.

Forsegl med tætsluttet låg, og lad tomaterne stå i mindst 1 uge.

SKALOTTELØG I EDDIKELAGE

Torshi-ye moosir

Det tager lang tid at lave, så sørg for at lave rigeligt.

Ingredienser:

Skalotteløg, friske
4 spsk. salt
Hvid eddike

Fremgangsmåde:

Fjern den yderste skal af skalotteløget, samt stilken. Skær løgene i tynde skiver, og læg dem i blød i koldt vand i 2 døgn. Skift vandet 2-3 gange dagligt. Hæld vandet fra i et dørslag, og bred løgskiverne ud på et rent viskestykke. Lad dem tørre i 24 timer.
Fordel dem i rene glas, og drys salt over. Dæk med eddike, og forsegl glassene.
Lad dem stå i mindst 1 uge. De bliver bedre jo længere tid de står.

ÆGGEKAGE MED URTER

Kookoo-ye sabzi

Der findes mange versioner af kookoo. Dette er min absolut ynglings.

Ingredienser:

1 porre
1 dl. frisk dild
2,5 dl. persille
0,5 dl. koriander
2 spsk. smør
8 æg

½ tsk. natron
½ tsk. gurkemeje
1 knsp. kanel
½ tsk. salt
¼ tsk. peber
50 g. valnødder
2-3 spsk. zereshk

Fremgangsmåde:

Start med at skylle urter og zereshk.

Hak porre, dild, persille og koriander. Sauter urterne i 1 spsk. smør, og lad dem køle af.

Hak valnødderne i store stykker.

Pisk æggene med natron, gurkemeje, kanel, salt og peber. Tilsæt nu de sauterede urter, valnødder og zereshk.

Smelt det sidste smør på panden ved middel varme, og hæld æggeblandingen på. Rør ikke rundt. Lad det stå indtil det er blevet godt brun. Vend din kookoo så den også bliver brunet på den anden side. Dette kan gøres ved evt. at bruge et låg til at vende den over på, og derefter lade den glide ned på panden igen.

Når den er brunet lægges den over på et fad. Kan spises både varm og kold.

Brød med fetaost og vandmelon

Noon-o panir-o hendooneh
Et virkelig lækkert lille mellemmåltid.

Ingredienser:

Vandmelon
Fetaost
Fladbrød

Fremgangsmåde:

Skær vandmelonen I små tern, og spis den med et lille stykke fetaost og et stykke fladbrød.

YOGHURT MED AGURK

Mast-o khiar

Ingredienser:

7 dl. græsk yoghurt   Lidt limejuice

1 agurk   Salt

1 spsk. tørret mynte   Peber

Fremgangsmåde:

Start med at rive agurken groft. Lad den dryppe godt af i en si.

Hæld yoghurten i en skål, og rør rundt.

Tilsæt mynte, og smag til med salt og peber.

Hæld lidt limejuice i, og smag til igen.

Tilsæt agurken, og rør rundt.

Hæld yoghurten i en skål, og sæt det på køl.

YOGHURT MED SKALOTTELØG

Mast-o moosir

Tilbehør til en risret, eller som dip til chips eller brød.

Ingredienser:

7 dl. græsk yoghurt	Salt
2 skalotteløg	Peber

Fremgangsmåde:

Pil skalotteløgene, og skær dem i små tern.

Hæld yoghurt og løg i en skål, og rør grundigt.

Smag til med salt, og peber, og stil det tildækket i køleskabet 1 times tid.

YOGHURT LÆSKEDRIK

Doogh

En meget populær læskedrik i Iran. Laves med eller uden brus.

Ingredienser:

2,5 dl. yoghurt naturel   Salt

5-7 dl. vand eller danskvand   1 knsp. peber

1-2 tsk. tørret mynte

Fremgangsmåde:

Rør yoghurt til en cremet konsistent. Tilsæt mynte, salt og peber, og bland det godt. Yoghurten skal smage lidt salt. Hæld vand ved til du opnår den ønskede tykkelse. Hæld det på en flaske, og læg i køleskabet et par timer. Før servering rystes yoghurtdrikken forsigtigt.

PIROGGER MED OKSEKØDSFYLD

Piroshki

Ingredienser:

Dej

50 g. gær

2,5 dl. lunken vand

1 spsk. sukker

3 spsk. olie

1 tsk. salt

2,5 dl. yoghurt naturel

2 æg

10-14 dl. mel

Fyld

500 g. hakket oksekød

2 løg

3 fed hvidløg

½ tsk. gurkemeje

2 spsk. tomatpuré

Ca. 2 dl. persille

Salt

Peber

Olie til stegning

Fremgangsmåde:

Bland vand, sukker og gær, og lad det stå lidt så gæren bliver aktiveret. Tilsæt olie, salt, yoghurt og æg. Bland det godt sammen. Hæld melet i lidt af gangen og tilsæt mere hvis det er nødvendigt. Ælt dejen godt til den er blød og ikke hænger fast i hænderne. Lad dejen hæve tildækket i 1 time.

I mellemtiden skæres løg og hvidløg fint. Sauter løgene i olie til de er gennemsigtige.
Tilsæt gurkemeje, og lad det stå nogle minutter.

Brun kødet sammen med løgene og krydr med salt og peber.

Hak persillen fint.

Når kødet er brunet tilsættes tomatpuré og den finthakkede persille, og det simrer nu videre indtil saften fra kødet er fordampet.

Fjern panden fra varmen og lad kødet køle af.

Del dejen op i små kugler på størrelse med en mandarin. Tag en af dejkuglerne og udvid den forsigtigt med en fordybning, så der kan komme kød i. Put 1-2 spsk. af kødblandingen i, og klem dejen sammen. Læg den til side med samlingen nedad.

Varm olien, der skal være ca. 2 cm. dybde, på en pande eller i en lille gryde. Test evt. med en tandstik om olien er varm nok, det skal syde/boble når enden stikkes ned i olien. Når olien er klar, steges piroggerne på begge sider til de er gyldne.

Opbevares i en lufttæt beholder.

KARTOFFELFRIKADELLER MED TUN

Kotlet mahi ton

Ingredienser:

2 bagekartofler	Salt
2 dåser tun	Peber
1 løg	Olie
1 æg	Rasp

Fremgangsmåde:

Skræl og kog kartoflerne møre. Hæld dem i en skål, og mos dem.

Tilsæt tun, og findel det.

Riv løget i, og smag til med salt og peber.

Når blandingen er kølet lidt af, tilsættes ægget, og det blandes godt.

Hæld rasp i en dyb tallerken.

Form kartoffelblandingen med hænderne til en kugle på størrelse med en golfbold.

Hæld raspen i en dyb tallerken, og rul hver kugle heri. Form dem herefter hver især, til en oval flad frikadelle med en tykkelse af ca. 1 cm.

Steg dem i olie på en pande til de er brune og sprøde på begge sider.

Tilbehør: Fladbrød, diverse urter og evt. nogle tomatskiver.

KARTOFFELFRIKADELLER MED OKSEKØD
Kotlet

Ingredienser:

500 g. hakket oksekød	Rasp
500 g. kartofler	Olie
3-4 æg	Salt
2 løg	Peber
2 spsk. hakket persille	

Fremgangsmåde:

Skræl kartoflerne. Kog dem til de er møre, og mos dem. Pil løget, og riv det meget fint til en mos lignende tilstand. Hæld det i kartoffelmosen. Tilsæt æg, salt, peber, persille og kød. Bland det til en jævn fars.
Form farsen til kugler på størrelse med en golfbold.
Hæld raspen i en dyb tallerken, og rul hver kugle heri. Form dem herefter hver især, til en oval flad frikadelle med en tykkelse af ca. 1 cm.
Varm en pande op med olie, og steg hver frikadelle på begge sider til de er gyldne.

Tilbehør: Fladbrød, bredbladet persille og skiveskåret tomater.

KYLLINGESALAT MED KARTOFLER

Salade olvieh

Ingredienser:

1 kg. kartofler	200-300 g. saltede agurker
1 hel kylling	Salt
4 æg	Peber
Ca. 4 dl. ærter	Olie
200 g. mayonnaise	

Fremgangsmåde:

Kyllingen koges med en smule salt. Køles af, og skæres i små stykker.

Skræl kartoflerne, og kog dem møre. Mos dem herefter med en gaffel.

Kog æggene og pil dem.

Riv æg og agurker på et råkostjern, og kom det i en skål. Vend mayonnaise, kartoffelmos og kyllingekød i, og smag til med salt og peber. Tilsæt til sidst ærter.

Salaten kan serveres som den er i en pæn skål, eller man kan pynte den på traditionel iransk måde.

Tilbehør: Fladbrød eller flutes

ÆGGERET MED AUBERGINER

Mirza Ghasemi

Ingredienser:

2 auberginer

7 fed hvidløg

3 tomater

3 æg

1 tsk. tomatpuré

½ dl olie

1 tsk. gurkemeje

Salt

Peber

Fremgangsmåde:

Tænd ovnen på 200° C

Prik auberginerne med en gaffel, og bag dem i ovnen i ca. 40 min. Tag dem ud og køl dem af. Fjern herefter skindet og mos dem.

Hak hvidløgsfeddene fint, og steg dem på en pande til de er lysebrune. Tilsæt gurkemeje, og rør rundt. Hæld auberginemosen i, og vent nogle minutter. Hak imens tomaterne. Rør herefter grundigt, og tilsæt tomater, tomatpuré, salt og peber. Læg låg på, og lad det simre i 5-7 min. Pisk æggene sammen og hæld over auberginemosen, og rør rundt., Lad det stå lidt, og server så.

Tilbehør: Fladbrød

BARBAR BRØD

Nan-e barbari

Ingredienser:

1,5 tsk. tørgær
1,5 tsk. honning
3,75 dl. lunken vand
Ca. 8 dl. hvedemel
0,5 tsk. bagepulver
1 tsk. salt

Drys:
Nigellafrø
Sesamfrø

Roomal (glaze til brødet):
0,5 tsk. mel
0,5 tsk. natron
0,8 dl. vand

Fremgangsmåde:

Put tørgær, honning og lunken vand i en skål, og rør rundt. Lad det stå indtil gæren er opløst. Tilsæt nu 3 dl. mel under omrøring, og lad den tynde dej stå tildækket i 20 minutter.

Bland det resterende mel med bagepulver og salt. Hæld halvdelen af blandingen i den tynde dej, og rør rundt. Ælt nu løbende det sidste mel i, indtil du har en dej der slipper skålen.

Vend dejen ud på bordet. Dejen kan godt klistre lidt fast til bordet men det kan afhjælpes med lidt olie. Tilsæt ikke mere mel.

Ælt nu dejen til den er blød og glat. Form den til en kugle, og placér den i en skål. Lad dejen hæve til dobbelt størrelse.

I mellemtiden laves roomal til brødet. Bland alle ingredienser i en lille gryde, og pisk det sammen. Varm det op ved middel varme under omrøring indtil det begynder at koge. Når det er tyknet en smule, tages det af varmen, og afkøler til rumtemperatur.

Drys lidt mel ud på bordet, og vend dejen ud herpå. Det skal ikke æltes, men deles i 4 stykker som formes til kugler. Placér dem adskilt på et stykke bagepapir og lad dem hæve til dobbelt størrelse, ca. 1 times tid.

Tag nu én af dejkuglerne, lad de andre forblive tildækket, ud på et skånsomt meldrysset bord. Tryk nu dejen til en lang oval på ca. 18x13, du kan evt. hive lidt i dejen. Pensl overfladen med roomal. Dyp nu også dine fingre heri, og pres dem ned i dejen for at lave dybe riller på langs. Pres *næsten* helt ned i bunden.

Drys med nigella- og sesamfrø.

Tag nu brødet og læg det på bagepapir. Gentag med resten af dejkuglerne, og lad dem hæve tildækket i 30-40 minutter.

Bages ved 190°C i ca. 30 minutter til de er gyldenbrune.

AUBERGINER MED KASHK

Kashk-e bademjan

Ingredienser:

2 spsk. olivenolie

4 auberginer

1 løg

3 hvidløgsfed

2 spsk. tørret mynte

2 spsk. kashk

1 spsk. tomatpuré

1 tsk. gurkemeje

Salt

Peber

Valnødder, 10-12 stk.

Fremgangsmåde:

Start med at vaske auberginerne.

Skræl dem, og skær dem herefter i tynde skiver.

Varm olien op på en pande, og steg aubergineskiverne brune heri.

Læg dem herefter på et stykke køkkenrulle, det tager det meste af olien.

Pil og hak løget fint, steg det herefter til det er gennemsigtig, og tilsæt gurkemeje. Sæt det til side.

Hak hvidløgsfeddene fint, og steg dem ved svag varme. Steg dem ikke for meget. Sæt også dette til side. Gør det samme med mynten.

I en skål moses auberginerne med en gaffel.

Varm en lille mængde olie i en gryde og tilsæt auberginemos, salt og peber.

Derefter tilsættes, tomatpuré, kashk, de stegte løg, hvidløg og mynte (gem en lille mængde af hver til pynt). Rør det sammen til en glat konsistens, og lad

det simre i 8-10 minutter ved svag varme. Tilsæt evt. en smule vand.
Hæld det i et dybt fad, pynt med kashk, en smule bløde løg, hvidløg, mynte og lidt hakkede valnødder.

Tilbehør: Fladbrød

HOVEDRETTER

SAMMENKOGT RET MED MANDELFLAGER

Khoresht khalal badam

Ingredienser:

450 g. skært lamme- eller oksekød

1 løg

3 tørrede lime

1½ dl. zereshk

1½ dl. mandelflager

½ tsk. gurkemeje

2 spsk. tomatpuré

2½ dl. safran infusion

Sukker (jeg tror at jeg brugte 7 teskefulde før det smagte som jeg ville have det)

Salt

Olie

Fremgangsmåde:

Start med at skære løget i tern.

Fjern det meste af fedtet fra kødet, og skær det i tern.

Knus de tørrede lime, og fjern "indmaden". Det er det der gør det bittert.

Forbered safraninfusionen.

Skyl zereshk i en skål med rigelig vand. Tag dem op i en si, men lad vandet blive tilbage i skålen, da der tit er sten i skyllevandet.

Svits løget i en gryde til det er gyldent, og tilsæt gurkemeje. Tilsæt evt. lidt mere olie, da gurkemeje har en tendens til at suge olien til sig.

Tilsæt kød, og steg til det har skiftet farve.

Hæld de knuste lime i, og lad dem stege med i et par minutter.

Hæld vand ved til det dækker, og drys lidt salt i.

Lad det simre under låg i ca. 30 minutter, og hæld vand ved hvis det begynder at svinde ind.

Tilsæt tomatpuré og lidt af sukkeret, og lad det simre videre i 1 time. Husk at holde øje med vandet, det skal hele tiden dække kødet.

Efter 1 time sættes en pande over at varme uden olie. Tilsæt zereshk og svits til det begynder at dampe. Tilsæt mandelflager, og lidt olie og rør rundt. Hæld safraninfusionen i, og lad det koge nogle minutter. Hæld det over i gryden til kødet.

Smag til med salt og sukker. Det skal smage sur/sødt.

Tilbehør: Ris, fladbrød, neutral yoghurt, og en tallerken med diverse urter.

SAMMENKOGT RET MED SQUASH

Khoresht kadoo

Ingredienser:

500 g. skært oksekød

1 løg

1-2 fed hvidløg

1 knsp. gurkemeje

1 dåse hakkede tomater

1 tørret lime

1 spsk. tomatpuré

1 tsk. advieh (se s.14)

2 mellemstore squash

Salt

Peber

Fremgangsmåde:

Pil og hak løg og hvidløg. Sauter dem herefter i en gryde i lidt olie til de er blevet gennemsigtige. Tilsæt gurkemeje, og rør rundt.

Skær kødet i tern og brun det i gryden på alle sider.

Knus den tørrede lime og put den i gryden. Smag til med salt og peber.

Tilsæt en dåse tomater, og fyld dåsen halvt op med vand og tilsæt også dette. Læg låg på og bring det i kog.

Tilsæt tomatpuréen, rør rundt og læg låg på. Lad retten simre i 1,5 time, indtil kødet er mørt.

I mellemtiden skæres squashen på langs i 3 skiver. De skæres herefter hver i 3 stykker.

Varm lidt olie i en pande, og steg squashstykkerne til de er gyldne.

Tilsæt advieh i den sammenkogte ret, og rør rundt. Smag til.

Placér de stegte squash på toppen af retten, og hæld forsigtigt lidt af væden over. Rør ikke rundt. Lad retten simre under låg i 45-60 min. Hvis der er for meget væske når retten er færdig, kan du tage låget af gryden den sidste halve time.

Tilbehør: Ris

SAMMENKOGT RET MED OKRA

Khoresht baamieh

Ingredienser:

450 g. skært okse- eller lammekød

600 g. okra

500 g. kartofler (valgfri)

3 løg

2-3 spsk. limejuice

1 stor dåse tomatpuré

Olie

Salt

Peber

Vand

Fremgangsmåde:

Pil løgene, og skær dem i tynde skiver.

Skær kødet i tern.

Steg løgskiverne gyldne i lidt olie i en gryde, tilsæt kødet, og lad det brune lidt.

Hæld ca. 7 dl. kogende vand ved, og lad det simre ved svag varme i 45 minutter.

Hæld mere vand ved, hvis det bliver nødvendigt.

Vask okraen, og skær stilken af. Pas på at du ikke skærer i selve okraen.

Hvis der skal kartofler i retten, skal de skrælles og skæres i små tern. Hæld kartoffeltern og okra i gryden sammen med salt, peber og tomatpuré. Lad det simre i ca. 15 minutter, men pas på at okraen ikke koger for meget og bliver slimet.

Tilsæt limejuice, og smag til. Lad det simre 4-5 minutter.

Tilbehør: Ris

SAMMENKOGT RET MED GULE FLÆKÆRTER

Khoresht gheymeh

Ingredienser:

500 g. skært oksekød

2 løg

4 fed hvidløg

3 tørrede limefrugter

2 dåser hakkede tomater

1,5 dl. gule flækærter

1,5 spsk. tomatpuré

Ca. 3 spsk. olivenolie

½ tsk. gurkemeje

2 tsk. advieh (se s.14)

Salt

Peber

4-5 kartofler

1,2 l. vand

Fremgangsmåde:

Skær løgene i tern, og hak hvidløgsfeddene.

Hvis kødet ikke er skåret i tern, skæres disse nu.

Varm en gryde op ved middel varme, og tilsæt olien. Kom de hakkede løg og hvidløg i gryden, og steg dem til de er blevet klare.

Tilsæt kødet, og brun det på alle sider. Drys gurkemeje over, og rør rundt.

Put de tørrede limefrugter i sammen med 1,2 l. vand, og tilsæt lidt salt og peber. Læg låg på, og lad det simre i 1 time.

Efter 1 time tilsættes hakkede tomater, tomatpuré og advieh.

Skyl de gule flækærter i koldt vand, og put dem i gryden. Lad det simre videre med låg på i 2 timer. Rør jævnligt rundt så det ikke sætter sig fast i bunden af gryden.

I mellemtiden skrælles kartoflerne, og skæres i stave til pommes fritter. Steg dem i olie på en pande, og drys til sidst salt på.

Smag retten til, og hæld den over i en skål.
Læg de stegte kartoffelstave på toppen.

Tilbehør: Ris

SAMMENKOGT RET MED AUBERGINE

Khoresht bademjan

Ingredienser:

2 auberginer

1 løg

500 g. skært okse- eller lammekød

Olivenolie

2 fed hvidløg

1 dåse hakkede tomater

2 spsk. tomatpuré

1 tsk. gurkemeje

3 tørrede lime

1 spsk. sukker

Peber

Salt

Fremgangsmåde:

Varm ovnen op til 200° C.

Beklæd en bageplade med stanniol, og pensl med olivenolie.

Vask auberginerne, og skær enden af.

Flæk dem på langs, og skær hver halvdel, stadig på langs, i fire lange både.

Placer dem på bagepladen med skindsiden nedad. Sæt dem i ovnen i ca. 20 minutter. De skal være bløde når du tager dem ud. Stil dem til side.

Pil og hak løget, og skær herefter kødet i tern.

Varm en gryde op, og hæld en god slat olivenolie i.

Svits løget heri til det er transparent, og tilsæt kødet.

Lad kødet blive brun, og riv herefter hvidløgsfeddene i.

Lad det simre nogle minutter.

Tilsæt hakkede tomater, tomatpuré, gurkemeje og kogende vand til det dækker kødet. Put de tørrede lime i, og lad det simre med låget på klem i ca. 1 time. Tilsæt sukker og auberginestykker, og lad det simre videre i ca. 30 minutter. Smag til.

Tilbehør: Ris

KYLLING I GRANATÆBLESAUCE

Fesenjan

En ret der tager en hel dag at lave, men den er absolut det hele værd.

Ingredienser:

1 kylling

400 g. valnødder

2 løg

5 spsk. granatæble sauce

Sukker efter behov, saucen må ikke

være alt for sur.

Salt

Fremgangsmåde:

Kog kyllingen i vand, som lige akkurat dækker, i ca. 1 time. Tag den op, og lad den køle lidt af. Suppen gemmes til senere. Pil skindet af kyllingen, og pil kyllingekødet i grove stykker,

Valnødderne hakkes meget fint, men uden at de begynder at give olie fra sig.

Pil og skær løgene i halve skiver. Steg dem brune på en pande i lidt olie.

Herefter blandes valnødder, stegte løg, suppe, og granatæblesauce i en gryde. Bring det i kog, og sæt herefter blusset på lav varme, og lad det simre i 6-7 timer. Rør jævnligt rundt.

Smag om det efterhånden er blevet for surt, og tilsæt sukker efter behov. Efter 6 timer lægges kyllingestykkerne i suppen, og det simrer videre i ½-1 time. Hvis man ønsker at kyllingen skal koge ud i trevler, lægges stykkerne i efter 2-3 timer. Smag til igen med både granatæblesauce og sukker. Retten skal være sur/sød.

Tilbehør: Ris

SAMMENKOGT RET MED URTER

Ghormeh sabzi

En udsøgt iransk ret.

Ingredienser:

600 g. skært okse- eller lammekød	Salt
	Peber
1 løg	1 bundt forårsløg
½ dl. olie	4 dl. spinat blade
1 tsk. gurkemeje	1 dl. persille
4 dl. vand	½ dl. koriander
4-5 tørrede lime eller limejuice	½ dl. tareh (hvidløgsblade)
1 dåse kidneybønner	½ dl. tørret bukkehornsblade

Fremgangsmåde:

Skyl forårsløg, spinat, persille og koriander. Lad det tørre, og hak det herefter fint.

Skær kødet i tern, og hak løget fint.

Varm halvdelen af olien op i en gryde ved middel varme, og svits det hakkede løg heri, til det er gylden.

Tilsæt gurkemeje, og lad det stege videre i et par minutter.

Skru op for varmen, og hæld kødternene i. Lad dem brune, og dæmp herefter varmen.

Tilsæt vand, kidneybønner, salt og peber.

Læg låg på, og lad det simre i 1 time til kødet er mørt.

Hæld de finthakkede urter på panden sammen med de tørrede urter, og svits dem i lidt olie til de er faldet sammen. Hæld dem over i gryden sammen med de tørrede lime. Læg låg på, og lad det simre videre i 30 minutter. Smag til.

Tilbehør: Ris

SAMMENKOGT RET MED BLADSELLERI

Khoresht karafs

Ingredienser:

500 g. skært okse- eller
lammekød

2 bundter bladselleri

3 løg

2 dl. limejuice

3 spsk. sukker

200 g. mynte

300 g. persille

1 dl. olie

Salt

Peber

Fremgangsmåde:

Pil og skær løget i tynde skiver. Steg det herefter gyldent i en gryde.

Skær kødet i tern, og brun dem sammen med løget.

Hæld ca. 1 liter kogende vand ved, og lad det simre under låg i 45 minutter.

Vask og skær selleristænglerne ud i 2,5 cm. længde.

Hak mynte og persille, og svits det kort i lidt olie.

Bladselleri, mynte, persille, salt og peber tilsættes kødet, og simrer nu videre i 20 minutter.

Når tiden er gået, hældes limejuice og sukker i retten. Lad det stå i nogle minutter, og smag til.

Tilbehør: Ris

GRYDERET MED SVESKER

Tas kabab

Ingredienser:

500 g. skært lamme- eller oksekød

2 spsk. smør

2 løg

200 g. svesker u. sten

½ tsk. salt

¼ tsk. peber

¼ tsk. kanel

1 spsk. tomatpuré

5 dl. oksebouillon

2 spsk. citronsaft

3-4 store kartofler

Fremgangsmåde:

Tænd ovnen på 175° C.

Trim kødet fri for fedt, og skær det i små tern.

Smelt smørret, og hæld det i bunden af et ovnfast fad, evt. et med tilhørende låg.

Skær løgene i tynde skiver, og læg halvdelen jævnt fordelt i bunden af fadet.

Fordel halvdelen af kødet herpå, og herefter halvdelen af sveskerne. Gentag rækkefølgen, og slut af med at drysse krydderierne over.

Opløs tomatpuréen i oksebouillonen, og tilsæt citronsaft. Hæld det over kødet.

Læg låg på, eller dæk med stanniol og sæt det ind i den opvarmede ovn.

Bages i 45 minutter.

I mellemtiden skrælles kartoflerne, og skæres i tynde skiver. Fordel dem jævnt over kødet efter de 45 minutter, og bag videre uden låg i 45-60 minutter. Vend kartoffelskiverne et par gange undervejs.

Tilbehør: Fladbrød

Mos med gule flækærter og kød

Abgoosht

Ingredienser:

600 g. lamme- eller oksekød	6-7 mellemstore kartofler
50 g. gule flækærter	Lidt olie
4 stk. tørrede lime (eller 1 dl. limejuice)	Salt
	Peber
3 løg	1 tsk. gurkemeje

Fremgangsmåde:

Pil og skær løgene i tynde strimler. Steg dem i lidt olie i en gryde, til de er gyldne.

Skyl de gule flækærter, og svits dem sammen med løgene et øjeblik.

Skær kødet i små tern, og svits dem med løgene, indtil de har skiftet farve.

Tilsæt salt, peber og gurkemeje.

Hæld ca. 1 l. kogene vand ved, og lad det simre under låg i ca. 30 min.

Tilsæt nu knuste tørrede lime eller limejuice.

Skræl kartoflerne, skær dem over i halve og hæld dem i gryden. Lad det igen simre under låg i 30 min. Hvis retten mangler væske, hældes lidt vand ved. Det skal være som en suppe med fyld.

Når kartoflerne er møre, hældes suppen fra i en suppeterrin og fyldet moses og blandes.

Tilbehør: Server mosen og suppen sammen med lidt fladbrød.

Risret med berberis

Zereshk polow

Ingredienser:

500 g. basmati ris
Ca. 800 g. kylling (over- eller
underlår)
Olie
25 g. smør

4 spsk. berberis (tørrede)
1 spsk. sukker
4 store løg
½ tsk. safran
Salt
Peber

Fremgangsmåde:

Fjern skindet fra kyllingen. Riv 2 af løgene og vend kyllingestykkerne heri. Tilsæt
salt og peber. Marinér i mindst 4 timer, men gerne natten over.
Skyl risene, og læg dem i blød i mindst 2 timer. Følg anvisningen på ris forrest i
bogen.

Vask berberis i koldt vand, og lad dem dryppe af.
Skær 2 løg i halve skiver, og steg dem i lidt smør på en pande ved middel varme.
Tag dem af når de er lysebrune, og put dem i en lille skål.
Smelt igen lidt smør på en pande ved middel varme og tilsæt berberis og sukker.
Lad dem stege i ca. 1-2 minutter, indtil sukkeret er smeltet. De må ikke blive for
bløde. Tag dem af varmen, og vend løgene i zereshken. Drys en smule salt på.
Sæt til side.

Steg kyllingestykkerne på grill i 15-20 minutter eller i ovn sammen med løgsaften i ca. 1 time ved 175°C. Vend dem undervejs. Du kan evt. tænde for grillen de sidste par minutter. Gem kyllingesaften til at hælde over risene.

Knus safrantrådene til pulver i en skål sammen med lidt salt. Hæld 3 spsk. kogene vand over. Lad det trække lidt. Når risene er færdige tager du lidt af, og hælder safraninfusionen over og rører rundt. Hæld de resterende ris op på et fad, drys safranrisene over, og pynt med berberis og stegte løg.

Server risene sammen med kyllingestykkerne.

SAMMENKOGT RET MED KYLLING

Khorak-e morgh

Ingredienser:

1 kg. kyllingelår	2 spsk. olie
1 løg	1 tsk. gurkemeje
350 g. grønne bønner	1 tsk. kanel
5-6 gulerødder	2-3 spsk. citronsaft
1 dåse hakkede tomater	2½ dl. vand
2-3 fed hvidløg	Salt
1 karton tomatsauce	Peber

Fremgangsmåde:

Pil og hak løg og hvidløg.

Varm olien op i en stor sauterpande eller gryde, og svits løget heri. Når det er blevet gennemsigtig tilsættes de hakkede hvidløg, og det steger yderligere 5 minutter. Tilsæt gurkemeje og rør rundt.

Tag skindet af kyllingestykkerne, og brun dem i gryden.

Tilsæt salt, peber, kanel og vand, og lad det simre for svag varme i 30 minutter.

Skræl gulerødderne og skær dem ud i tynde stave på 5 cm. længde, skær også bønnerne i 5 cm. længde.

Tilsæt de hakkede tomater, tomatsauce, gulerodsstave, bønner og citronsaft.

Læg låg på, og lad det simre videre ved svag varme i ca. 1 time. Smag til.

Tilbehør: Ris, brød og friske urter.

Ris med hvidkål og kødboller

Kalam polow

Ingredienser:

5 dl. basmati ris

500 g. hakket oksekød

1/2 hvidkål

1 stort løg

4 spsk. vegetabilsk olie

Vand

1 spsk. tomatpuré

1 tsk. gurkemeje

½ tsk. kanel eller advieh

1 tsk. safraninfusion

Salt

Peber

Fremgangsmåde:

Skyl risene, og læg dem i blød i saltet vand i nogle timer.

Skræl løget, og hak det fint.

I en stor sauterpande steges løget i to spiseskefulde olie over medium varme, indtil det er gennemsigtigt. Tilsæt gurkemeje og rør rundt.

Form små kødboller på størrelse med en hasselnød, og kom dem direkte i panden. Drys med salt og peber, og brun dem på alle sider.

Tilsæt derefter tomatpuréen, og ½ dl. vand.

Læg låg på, og lad dem simre i 20 min ved svag varme.

I en stegepande sauteres kålen i olie over medium varme i 10 min. Tilsæt salt og peber, og lad kålen blive blød og mør. Sæt til side.

I en stor gryde, bringes rigeligt vand i kog. Tilsæt salt.

Si vandet fra risene, og hæld dem i det kogende vand. Kog risene i ca. 10 minutter. Test om risene er klar. Risene bør være faste i midten og bløde på ydersiden. Hæld vandet fra og skyl med lunt vand.

Skyl gryden, stil den tilbage på varmen og tilsæt et par spiseskefulde olie og safraninfusionen. Med en stor grydeske, placeres et lag ris i gryden, derpå et lag af kålen, derefter endnu et lag ris, indtil det er bygget op i en pyramide form. Lav 4-5 huller i risene med bunden af grydeskeen.
Læg låg på, og lad dem stå i 10 min. på medium-høj varme, indtil risene er dampende. Sænk da varmen, og damp risene færdig i 30-40 minutter.

Server Kalam Polow i et fad og spred forsigtigt de små kødboller ud over risene.

Tilbehør: Yoghurt og agurk (mast-o-khiar), friske urter og torshi.

Risret med hestebønner og dild

Baghali pollow

Risene kan laves uden kød, så det kun er hestebønner og dild. Jeg har desuden lavet retten med både edamame- og soja bønner med et fantastisk udfald.

Ingredienser:

500 g. basmati ris

500 g. skært oksekød, lammekød eller kyllingefilet

5 dl. frisk dild

4 dl. optøede hestebønner (de frosne er bedst)

1 løg

½ dl. olie

1/4 tsk. safran

Salt

Peber

Fremgangsmåde:

Skyl risene og læg dem i blød i saltet vand i minimum 2 timer.

Skær kødet i små tern.

Skær løget i tynde skiver, og brun det.

Tilsæt kød, salt og peber og lad det stege ved lav varme til kødet er mørt. Dette tager ca. 45 minutter.

Hvis du bruger de frosne hestebønner kan du nu tage det seje skind af. Hvis du bruger de tørre, koges de i vand til de er møre.

Vask dild, og skær stænglerne fra. Kun toppen bruges. Hak det fint.

Bring 2-3 liter vand i kog. Si vandet fra risene, og hæld dem i det kogende vand. Efter nogle minutter testes risene. Husk at de skal være bløde udenpå, men faste indeni. Lige inden de tages af varmen hældes bønnerne i, og vendes rundt. Hæld det hele i et dørslag, og skyl med lunken vand.

Bring ½ dl. vand og 2 spsk. olie i kog i gryden. Læg lagvis ris, dild og kød indtil der ikke er mere. Prik nogle huller med enden af en grydeske, og læg låg på. Vent 2-3 minutter til det begynder at dampe, og hæld så en smule olie over risene. Bind et viskestykke om låget, og læg det på. Skru ned til lav varme, og lad det stå i ca. 45 minutter.
Efter de 45 minutter dyppes gryden hurtigt i koldt vand.

Tilsæt 1/4 tsk. safran til 2 spsk. kogende vand i en lille skål. Vend 3-4 spsk. af risen i, og stil det til side.

Ved servering hældes risene og kødet op på et fad, og safranrisene drysses over. Fjern risbunden, og server den ved siden af på en tallerken.

Tilbehør: Yoghurt med hvidløg, brød og evt. en salat. Hvis risene er lavet uden kød, kan man servere safran kylling eller joojeh kebab til.

Risfad med kylling og yoghurt

Tahcheen

En ret der tager lang tid, men den er det hele værd.

Ingredienser:

1 kylling

500 g. basmati ris

500 g. yoghurt naturel

1 tsk. safran

4 løg

3 æggeblommer

3 spsk. olie

Salt

Peber

Fremgangsmåde:

Start med at skylle risene, og lad dem herefter stå i blød i vand tilsat salt. De skal stå i 2-3 timer.

Knus safrantrådene, og opløs herefter pulveret i 1 dl. kogende vand. Stil det til side.

Pil og hak 2 af løgene. Steg dem i en gryde til de er gyldne. Skær kyllingen ud, fjern skindet, og steg stykkerne sammen med løgene til de har skiftet farve. Hæld vand ved til det dækker, og bring det i kog. Skru ned for varmen, og lad det simre i ca. 1 time. Når kyllingen er kogt, pilles kødet fra den, findeles og sættes til side.

Bring rigelig vand i kog i en stor gryde. Hæld vandet fra risene, og hæld dem i gryden. Rør forsigtigt rundt. Risene er færdige når de er hårde indeni og bløde udenpå. Si igen vandet fra, skyl dem og lad dem stå.

Hæld yoghurten i en skål, og tilsæt safraninfusion, salt, peber og æggeblommer. Riv 2 løg til mos på den fine side på rivejernet. Vend det i yoghurtblandingen.

Tænd ovnen på 250°C.

Hæld lidt olie i bunden af en bradepande, og pensl det på alle sider.
Bland risene i yoghurten, og fordel halvdelen i bunden af bradepanden. Fordel kyllingestykkerne over risene, og slut af med et jævnt lag af de sidste ris.
Hæld lidt olie over, og dæk af med stanniol. Prik et par huller i stanniolen så dampen kan komme ud.
Stil bradepanden midt i ovnen, og lad den stå i 1,5-2 timer. Der vil i den tid blive dannet en risbund. Du vil kunne se i kanten af bradepanden om din Tahcheen er blevet brun.

Tag stanniolen af, og lad det stå i 5 min.

Skær det ud i passende stykker, og læg stykkerne på et fad med bunden op.

Tilbehør: Tzatziki

RISRET MED LINSER

Adas polow

Ingredienser:

500 g. skært okse– eller lammekød	½ tsk. gurkemeje
500 g. basmati ris	2 løg
300 g. grønne linser	Olie
100 g. dadler uden sten	Salt
150 g. rosiner	Peber
½ tsk. safran	

Fremgangsmåde:

Skyl risene, og læg dem i blød i 2-3 timer i saltet vand.
Kog dem herefter til de er halvt møre. Hæld vandet fra, og lad dem stå.

Bring igen noget vand i kog, skyl linserne, og hæld dem i vandet med en smule salt. Skru ned for varmen, og lad dem simre til de er møre, hvorefter du hælder vandet fra.
Pil løgene, og skær dem i tynde skiver. Steg dem i lidt olie til de er gyldne.
Tilsæt kød, salt, peber, gurkemeje og rør rundt. Lad det stege i 10-15 minutter.
Hæld herefter ca. 2,5 dl. kogende vand ved, og lad det simre til vandet er fordampet.

Hæld ½ dl. vand og lidt olie i en gryde, og bring det i kog ved høj varme. Hæld halvdelen af risene i, herefter kød, rosiner, dadler og linser. Hæld til sidst de sidste ris over. Lav nogle huller i risene med en grydeske, og læg et grydelåg på som der er bundet et viskestykke om. Når risene begynder at dampe, skrues der ned for varmen, og de skal nu stå i ca. 30 minutter.

Opløs safranen i ½ dl. kogende vand, og hæld det over risene når de er færdige. Rør rundt, og server dem på et fad.

Tilbehør: Hæld evt. lidt granatæblesauce på inden du spiser det.

MAKARONI

Macaroni

Ingredienser:

500 g. hakket oksekød

500 g. makaroni

1 løg

1 dåse hakkede tomater

3 fed hvidløg

1 karton tomatsauce

½ tsk. gurkemeje

3 spsk. hakket persille

Salt

Peber

Olie

Vand

Fremgangsmåde:

Start med at pille løg og hvidløg. Hak løget, og svits det i en gryde til det bliver gennemsigtigt. Riv hvidløget i, og lad det simre i 2 minutter.

Hæld gurkemeje i gryden, og lad det igen stå i et par minutter.

Tilsæt kødet, og brun det.

Drys salt og peber i, og hæld dåsetomater og tomatsauce i sammen med ca. 2,5 dl. vand. Læg låg på, og lad det simre ved svag varme i 30 minutter.

Smag til.

Bring en stor gryde vand tilsat salt i kog, og kog makaronien til den er næsten al-dente. Hæld den i et dørslag.

Sæt gryden tilbage på kogepladen, og hæld 3 spsk. olie og en knivspids gurkemeje i. Fordel jævnt olien.

Hæld 1/3 af makaronien i bunden af gryden så det dækker, og hæld herefter halvdelen af saucen i. Endnu et lag makaroni efterfulgt af den sidste sauce, og slut så af med de sidste makaroni.

Bind et viskestykke om grydelåget, og læg det på.

Lad det stå ved svag varme i 30-45 minutter.

Ved servering lægges et fad over gryden, og den vendes ud på hovedet.

Drys med persille.

Tilbehør: En god tomatsalat

Risret med grønne bønner

Loobia polow

Ingredienser:

500 g. basmati-ris	½ dl. olie
500 g. hakket oksekød	½ tsk. safran
500 g. grønne bønner	2 spsk. limejuice
1 løg	Salt
2 spsk. tomatpuré	Peber

Fremgangsmåde:

Skyl risene grundigt, og læg dem i blød i saltet vand i 2-3 timer.

Knæk enden af bønnerne, og skær dem i 1½ cm. længde.

Skær løget i tynde ringe og steg dem gyldne i lidt olie.

Tilsæt kødet, og lad det stege til det er halvt stegt. Hæld bønnerne ved, og lad det stege for svag varme til bønnerne og kødet er færdigstegt.

Tilsæt tomatpuré, limejuice, safran, salt og peber.

Lad det stege et par minutter og tag det så af varmen.

I en stor gryde bringes 2-3 liter vand i kog.

Si risene, og hæld dem i det kogende vand. Rør jævnligt rundt. Prøv om risene er færdige ved at smage på dem. De skal være bløde udenpå og hårde indeni. Hæld risene i et dørslag, og skyl dem i lunkent vand. Lad dem dryppe af.

Bring ½ dl. vand og 3 spsk. olie i kog i en gryde. Hæld lidt ris i bunden, og put herefter lidt af kødblandingen over risene. Fortsæt til der ikke er mere af hverken ris eller kød.

Lav nogle huller i risene med en grydeske.

Læg låg på, og lad det stå på medium varme i ca. 3 min. indtil det begynder at dampe. Hæld herefter lidt olie over. Bind et viskestykke om grydelåget, og læg det på gryden. Skru ned for varmen, og lad det stå i ca. 30-40 min.

Når risene er færdige, tages de af, og gryden dyppes hurtigt ned i en vask med koldt vand. Dette hjælper med at løsne ris-bunden.

Lav lidt safraninfusion, ved at hælde et par spiseskeer kogende vand over lidt safranpulver, og lad det stå lidt.

Tag lidt ris og hæld dem i en dyb tallerken. Hæld safraninfusionen over og rør rundt.

Hæld risene op på et fad, og drys safranrisene over. Server ris-bunden i en tallerken ved siden af.

Tilbehør: Salad-e Shirazi og mast-o khiar.

FYLDTE GRØNTSAGER

Dolmeh

Ingredienser:

Grøntsager efter eget valg, evt. aubergine, tomat, squash eller peberfrugt.
1,25 dl. gule flækærter
2,5 dl. ris
500 g. oksekød
1 løg
1 tsk. gurkemeje
Salt
Peber
1 tsk. karry
1 tsk. paprika
1 stor dåse tomatpuré

Urteblanding af:
1 tsk. estragon
1 spsk. dild
1 spsk. bukkehorn
1 spsk. persille

Til saucen skal bruges:
1 lille dåse tomatpuré
1 lime, saften herfra
2 spsk. olie
Ca. 6 dl. vand
Salt
Peber

Fremgangsmåde:

De valgte grøntsager udhules. Hvis der bruges tomat eller peberfrugt, så gem toppen, den skal bruges som låg.

Kog de gule ærter i vand der dækker med 3 cm. til de er møre. Skyl ærterne i koldt vand, på denne måde klister de ikke sammen.

Kog risene ved at hælde dem i rigelig kold vand tilsat lidt salt, og sæt dem over at koge. Smag på dem, og tag dem af når de er møre. Hæld dem i et dørslag.

Skær løget i tynde strimler, og svits dem til de er gyldne.

Tilsæt kødet, og brun det.

Hæld krydderier og tomatpuré i. Bland det godt sammen, og tag det af varmen.

Tilsæt ris og gule ærter.

Til sidst vendes urteblandingen i.

Sauce:

Varm olien op, og kom tomatpuré i. Rør rundt og tilsæt de sidste ingredienser. Lad det simre lidt.

De udhulede grøntsager fyldes med kødblandingen, og stilles op i en gryde så de ikke vælter. Saucen hældes over, og rundt om.

Sæt gryden over at simre i ca. 20 min. afhængig af valget af grøntsager.

Tilbehør: En grøn salat og noget brød.

STORE KØDBOLLER MED RIS

Koofteh berenji

Ingredienser:

100 g. basmati ris

500 g. hakket okse– eller lammekød

100 g. kikærtemel

500 g. friske urter (forårsløg, persille, dild, fennikel, mynte, estragon)

3 æg

100 g. gule flækærter

4 løg

2 dl. olie

2 spsk. gurkemeje

1 lille dåse tomatpuré

Salt

Peber

100 g. berberis (zereshk)

100 g. valnødder

Fremgangsmåde:

Kog risene i vand tilsat en smule salt, til de bliver bløde. Hæld vandet fra. Gør det samme med de gule ærter.

Bland ris, gule flækærter, kikærtemel, æg, kød, salt og peber.

Hak urterne fint, og vend dem i.

Hak løgene og steg dem gyldne i lidt olie i en gryde.

Tag halvdelen af løget fra, til senere brug.

Hæld ca. 1 liter vand i gryden, og tilsæt lidt salt, peber, gurkemeje og tomatpuré. Bring det i kog.

Lav kugler, på størrelse med en stor mandarin, af risblandingen, og put lidt berberis, stegte løg og en valnød i midten.

Læg dem i det kogende vand, og lad dem koge nogle minutter. Skru ned for varmen, og lad dem simre videre med låget halvt på, i ca. 45-50 minutter.

Tilbehør: En grøn salat, nogle urter og lidt brød.

RIS MED NUDLER

Reshteh polow

Ingredienser:

500 g. basmati ris	1,5 dl. rosiner
1 løg	½ dl. appelsinskal i fine strimler
10 dadler uden sten	Advieh (se s.14)
160 g. reshteh (iranske nudler)	3-4 spsk. smør
1 tsk. kanel	Olie
½ tsk. gurkemeje	½ dl. mandler
1 tsk. safran	½ dl. pistacienødder

Fremgangsmåde:

Start med at skylle risene og læg dem i blød i saltet vand.

Pil og skær løget i tern. Hæld lidt olie i en pande, og steg det heri til det er gyldent.

I mellemtiden skæres dadlerne i små tern.

Put 1 spsk. smør i panden med løg, og tilsæt gurkemeje og kanel. Rør rundt. Hæld rosiner, dadeltern og appelsinskal i, og smag til med salt. Stil det til side. Bræk reshtehén i stykker på 2,5-3 cm. Smelt 3 spsk. smør i en pande, og brun din reshteh heri. De skal være brune, men pas på, det går pludselig hurtigt og du risikerer at de bliver for mørke.

Bring en stor gryde med vand og salt i kog, og hæld vandet fra risene. Hæld risene i det kogende vand efterfulgt af de brunede reshteh, og kog til risene er al-dente. Hæld dem i et dørslag og skyl med lunkent vand.

Hæld 2 spsk. olie i gryden sammen med vand så det dækker bunden. Sæt det på kogepladen igen.

Læg 1/3 af risene i bunden af gryden, og drys ½ tsk. advieh over.

Hæld halvdelen af dadelblandingen jævnt over, og dæk igen med 1/3 ris.

Gentag med dadelblandingen, og slut af med risene.

Med enden af en grydeske prikkes der 5-6 huller i risene.

Læg låg på gryden, og lad den stå på høj varme i 8-10 minutter.

I mellemtiden knuses safrantrådene, og der hældes 1 dl. kogende vand over.

Hæld det over risene.

Skru ned så risene står på et lavt blus, og bind et viskestykke om låget. Læg det på, og lad risene stå i ca. 45 minutter.

Skær mandler og pistacienødder i tynde skiver, og rist dem på en varm pande.

Ved servering hældes risene op på et fad, og nødderne drysses gavmildt over.

Bræk risbunden (tahdig) i mindre stykker, og server den i et separat fad.

Tilbehør: Alle slags kebab, eller ovnstegt kylling.

KYLLING MED SAFRAN

Morgh

Ingredienser:

Kyllingestykker evt. lår, bryst eller en kombination.
1 løg
1 spsk. limejuice
½ tsk. gurkemeje

1 spsk. tomatpuré
2,5 dl. safraninfusion
Salt
Peber

Fremgangsmåde:

Tænd ovnen på 200°C.

Lav en safraninfusion som beskrevet i starten af bogen.

Skær løget i små tern, og steg det gennemsigtigt i en gryde.

Tilsæt kyllingestykkerne, salt og peber, og brun dem på begge sider.

Drys med gurkemeje og rør rundt.

Hæld safraninfusion, tomatpuré og limejuice ved. Lad det simre i nogle minutter.

Flyt kyllingestykkerne over i et ovnfast fad, og hæld væden over.

Dæk med stanniol eller et ovnfast låg, og sæt dem i ovnen i ca. 40 minutter.

De sidste 10 minutter fjernes stanniolen eller låget, og kyllingestykkerne brunes.

Tilbehør: Disse kyllingestykker passer til næsten al slags ris, en god salat og noget yoghurt naturel.

KYLLINGEKEBAB

Joojeh kabob

Jeg bruger også denne opskrift til kyllingelår. Samme fremgangsmåde.

Ingredienser:

500 g. kyllingebryst

½ tsk. safrantråde

1 dl. vand

Salt

Peber

1 stort løg

4 spsk. olivenolie

Fremgangsmåde:

Knus safrantrådene, og hæld 1 dl. kogende vand over. Lad det trække.

Riv løget groft på et rivejern, og kom det i en skål.

Skær kyllingekødet i store tern, og bank dem en smule flade.

Bland alle ingredienserne sammen i skålen, og lad kødet marinere natten over i køleskabet.

Sæt kødet på grillspyd, og grill dem til de er gyldne på begge sider.

Tilbehør: Ris, couscous og evt. tzaziki.

KEBAB AF HAKKET OKSEKØD

Kabob koobideh

Ingredienser:

500 g. hakket oksekød	Salt
1 løg	Peber
1 tsk. karry	2 dåser flåede tomater
1 tsk. paprika	Lidt citronsaft

Fremgangsmåde:

Oksekødet blandes i en skål med karry og paprika.

Løget rives meget fint, og blandes i kødet.

Det smages til med salt og peber.

Ovnen tændes på 250°C.

Kødet bredes nu ud i en lille bradepande, og skæres i lange strimler.

Det sættes ind på midterste rille i ovnen, og steger i 10 min. Herefter vendes kødet. Og det steger yderligere 10 min.

Hæld de flåede tomater i en skål, put lidt citronsaft i, og smag til med salt og peber. Hæld det over kødet, og steg det færdig i ca. 15 min.

Tilbehør: Ris, tzaziki og somak (som drysses på retten til sidst).

Alternativt kan kødet sættes på spyd, og grilles. Tomatsaucen laves da i en gryde.

Risret med mungbønner

Maash polow

Ingredienser:

250 g. mungbønner

400 g. basmati ris

400 g. skært okse- eller
lammekød

2 løg

1 stor dåse tomatpuré

½ tsk. gurkemeje

Olie til stegning

Salt

Peber

Fremgangsmåde:

Start med at skylle risene, og sæt dem i blød i saltet vand.

Skræl og skær løgene i tynde skiver. Steg dem gyldne i en gryde.

Skær kødet i tern, og steg det sammen med løgene til det skifter farve.

Tilsæt 5-6 dl. kogende vand, salt, peber og tomatpuré. Rør rundt, og lad det simre under låg i ca. 45 minutter.

Skyl mungbønnerne, hæld dem i en gryde, og tilsæt ½ l. vand, gurkemeje og en smule salt. Kog dem over medium varme i ca. 20 minutter til de er møre.

Hæld vandet fra bønnerne, og hæld dem ned til kødet. Lad dem simre med i nogle minutter, hvorefter gryden tages af varmen.

Hæld risene i en si, og lad dem dryppe af.

Sæt en stor gryde over at koge, med rigeligt vand. Tilsæt salt.

Når vandet koger, tilsættes risene, som nu koger til de er halvt færdige.

Tag risene af og hæld vandet fra. Skyl med lunken vand.

Herefter hældes risene i sammen med kødet, og det blandes godt.

Varm lidt olie i en gryde, hæld risblandingen i, og prik nogle huller med skaftet af en grydeske. Læg et låg med ombundet viskestykke på.

Lad det stå i ca. 30 minutter.

Når risene er færdige, sænkes bunden af gryden hurtigt ned i koldt vand, og risene hældes herefter op på et fad. Server ris-bunden ved siden af.

Tilbehør: Yoghurt med agurk (mast-o-khiar)

GULERODSRIS MED KYLLING

Havij polow

Risene kan laves uden kyllingestykkerne. Server evt. ovnstegt kylling til i stedet.

Ingredienser:

5 dl. ris

5-6 store gulerødder

500 g. kyllingebryst

1 løg

Salt

Peber

Gurkemeje

Olie

Vand

1 dl. sukker

2 spsk. safraninfusion

Fremgangsmåde:

Start med at skylle risene, og sæt dem i blød i saltet vand.

Skær kyllingen ud i tern.

Hak løget fint, og steg det gyldenbrunt i lidt olie i en gryde.

Tilsæt kyllingestykkerne, og brun dem.

Drys gurkemeje, salt og peber over, og vend det rundt.

Hæld 1,25 dl. vand ved, og lad det nu simre under låg i ca. 30 minutter.

I mellemtiden skrælles gulerødderne, og de rives på den grove side.

Varm en pande op, og hæld en smule olie på. Tilsæt de revne gulerødder, og steg dem en smule. Tilsæt nu sukker, 2 dl. vand og safraninfusion. Lad det stå og småsimre under jævnlig omrøring indtil det meste af vandet er fordampet.

Hæld vandet fra risene. Sæt en stor gryde med vand over at koge, og tilsæt rigelig salt. Det skal være salt som havvand. Hæld risene i, og kog dem til de stadig er lidt faste. Der skal være bid i dem. Hæld vandet fra, og skyl dem med lunt vand.

Hæld 2 spsk. olie og ½ dl. vand i gryden, og bring det i kog. Hæld halvdelen af risene i gryden, og læg kyllingestykkerne herpå. Fordel de revne gulerødder over kyllingen, og spred de sidste ris over. Hæld ca. 1 spsk. olie ud over risene, og også gerne lidt af kyllingefonden. Lav nogle huller i risene, med skaftet af en grydeske, læg et viskestykke over gryden, og læg grydelåg på. Når risene begynder at dampe, skrues der ned på lav varme, og de damper nu færdig i ca. 1 time.

Når risene er færdige, vendes de forsigtigt rundt med kyllingestykkerne og de revne gulerødder.

Serveres på et fad.

Tilbehør: Yoghurt med agurk, og evt. salat fra Shiraz.

DESSERTER OG ANDRE SØDE SAGER

KARAMEL DESSERT

Halva

Tålmodighed er en dyd når man laver denne lækre dessert.

Ingredienser:

120 ml. vand
250 g. sukker
4 spsk. rosenvand

5 tsk. safraninfusion
250 g. smør
250 g. mel

Fremgangsmåde:

Start med at bringe vand og sukker i kog. Når sukkeret er opløst, tilsættes rosenvand og safraninfusion. Skru ned på laveste blus, og lad det stå til det skal bruges.

Smelt smørret på en pande ved middel varme, og rør gradvis melet i til en blød masse. Bliv ved med at røre indtil massen har fået en karamellignende farve. Det kan godt tage lang tid, men gå ikke fra det, da det pludselig kan gå hurtigt. Skru ned til laveste varme når massen er blevet brun, og hæld forsigtigt siruppen i under omrøring. Tag det af varmen, og rør hurtigt videre til det samler sig til en karamellignende masse. Hæld det på et fad imens det er varmt, og lav mønstre i massen med bagsiden af en ske.

Serveres afkølet.

Tilbehør: Ristet toast og the.

RISBUDDING MED SAFRAN

Sholeh zard

Mine børn kalder det den gule risengrød.

Ingredienser:

250 g. ris

500 g. sukker

1,5 l. vand

Olie

¼ tsk. safran

½ dl. rosenvand

Hakkede pistacienødder

Hakkede mandler

1 tsk. kanel

Fremgangsmåde:

Skyl risene til vandet er klar, og lad dem dryppe af i en si.

Bring vand og ris i kog i en gryde, og skum af undervejs. Lav imens en safraninfusion af ½ dl. kogende vand og safrantråde.

Når risene er meget bløde tilsættes sukker og safraninfusion. Rør rundt, og tilsæt rosenvand og de hakkede mandler, gem lidt til pynt. Læg låg på, og lad det simre ved lav varme i ca. 30-45 minutter, indtil det har en budding konsistens. Lad det køle lidt af på bordet, og hæld det herefter i en serveringsskål. Sæt skålen i køleskabet til det har sat sig, ca. 2 timer.

Pynt med de hakkede mandler, pistacienødder og kanel.

BAKLAVA MED VALNØDDER

Baghlava

Ingredienser:

200 g. fillodej	**Pynt:**
225 g. usaltet smør	Valnødder
1,25 dl. sukker	Pistacienødder
2 tsk. kardemomme	
200 g. valnødder	
1,5 dl. flydende honning	
Evt. lidt rosenvand	

Fremgangsmåde:

Tænd ovnen på 160°C.

Når man arbejder med fillodej, er det vigtigt ikke at rulle al dejen ud på en gang da det tørrer hurtigt ud.

Start med at smelte smørret.

Hak valnødderne fint.

Vend sukker, valnødder og kardemomme sammen.

Find en passende bageform (25cm.X 30cm.) og smør bund og sider med det smeltede smør, ved brug af en bagepensel.

Klip dejen til så det passer i formen, og læg et lag i bunden. Pensl det med smør, og fortsæt med at pensle med smør for hvert lag, indtil der er 3 lag.

Drys nu et par spiseskefulde af valnøddeblandingen over, og fortsæt med at bygge baklavaen op på samme måde. Slut af med ca. 2 lag dej på toppen, og hæld det overskydende smør over.

Skær baklavaen ud i passende stykker, du kan evt. skære den ud i smukke diamant formede stykker, og bag den i ca. 1 time i midten af ovnen. Toppen skal være lysebrun og sprød.

Tag den ud af ovnen, og hæld honningen over. Lad den køle af, og dæk den herefter til. Lad den nu trække i 4-6 timer, men gerne til næste dag ved stuetemperatur. Dette giver honningen tid til at blødgøre fillodejen.

Tag forsigtigt baklava stykkerne ud, og anret dem på et fad med valnødder, eller hakkede pistacienødder, på toppen.

Er man ikke så meget til honning, og vil man have en mere autentisk smag, kan man i stedet koge en sirup med rosenvand og hælde over baklavaen.

600 g. sukker
3,4 dl. vand
2-3 spsk. rosenvand

Kog sukker, vand og rosenvand i en lille gryde, indtil det begynder at tykne.
Lad det køle af, og hæld siruppen over baklavaen når den lige er kommet ud af ovnen.

Risbudding

Fereni

Ingredienser:

1 l. mælk
8 spsk. rismel
8 spsk. sukker

4 spsk. rosenvand
Pistacienødder til pynt

Fremgangsmåde:

Hæld mælken i en gryde.

Drys forsigtigt, under omrøring, rismelet i, og tænd herefter op for kogepladen på middel varme.

Hæld sukker og rosenvand i mælken, og rør alle ingredienserne sammen.

Fortsæt omrøringen, så buddingen ikke brænder fast i bunden, dette kan tage op til 30 min.

Når risbuddingen er tyknet, hældes den op i en passende skål, eller i flere små portionsskåle. Lad buddingen køle lidt af, imens du hakker pistacienødderne meget fint. Pynt den herefter.

Buddingen kan servers varm eller kold.

SMÅKAGER MED RISMEL

Naan berenji

Ingredienser:

7½ dl. fint rismel

3 æggeblommer

225 g. smør

125 ml. olie

2 spsk. flormelis

1 tsk. kardemomme

½ tsk. vanilje-essens

Blå birkes til pynt

Til sirup:

3 ¾ dl. sukker

125 ml. vand

4 spsk. rosenvand

Fremgangsmåde:

Start med at lave en sirup af sukker og vand. Bring det i kog i en lille gryde, og lad det simre i 5 minutter. Tag det af varmen, og tilsæt rosenvandet. Stil det til side og lad det køle lidt af.

Pisk æggeblommerne med flormelis i en skål til det bliver cremet.

Tilsæt smør og olie, og pisk videre til det bliver luftigt.

Tilsæt vanilje-essens, kardemomme og rismel.

Hæld forsigtigt rosensiruppen i og pisk det i 10-12 minutter. Du vil kunne se at dejen samler sig til en klump, og det er først her, at dejen er færdig.

Sæt den i køleskabet i 1 times tid.

Varm ovnen op til 175°C. og læg et stykke bagepapir på en bageplade.

Lav en valnøddestor kugle af dejen, og tryk den flad i hånden. Lav et mønster med en teske, læg den på pladen, og drys med birkes. Gør det samme med resten af dejen.

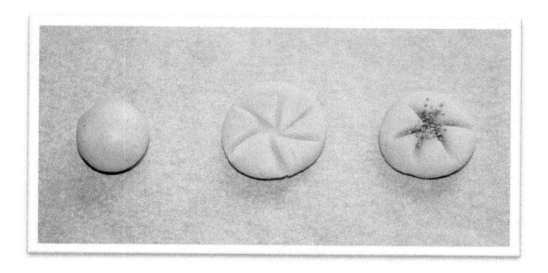

Bag småkagerne midt i ovnen i 12-15 minutter. De skal stadig være hvide, så hold godt øje med dem.

Småkagerne er meget skrøbelige imens de er varme, så tag dem forsigtig ud, og lad dem køle helt af før du putter dem i en kagedåse.

ROSINSMÅKAGER

Shirini keshmeshi

Ingredienser:

110 g. smør	250 g. Sultana rosiner
2,5 dl. sukker	½ tsk safran pulver
1,25 dl. flormelis	2 spsk. kogende vand
5 dl. mel	1 tsk. vanilje
2 æg	

Fremgangsmåde:

Start med at putte safranpulveret i et glas, og hæld vandet over. Lad det trække.

I en skål piskes smør, flormelis og sukker.

Tilsæt æggene et ad gangen, og pisk det godt sammen.

Hæld melet i, sammen med vanilje og safranvand, og pisk det grundigt sammen.

Slut af med at vende rosiner i.

Beklæd 2 bageplader med bagepapir, og tænd ovnen på 175°C.

Sæt en teskefuld dej på bagepapiret med et par centimeter imellem hver, og bag dem i 15-17 minutter afhængig af ovnen. De skal være gyldne i kanterne.

Afkøl på en bagerist, og opbevar dem i en lufttæt beholder.

PERSISK KÆRLIGHEDSKAGE

Persian Love Cake

Engang for længe, længe siden, blev en persisk kvinde dybt forelsket i en prins. For at få ham til at gengælde hendes følelser, bagte hun ham denne kage, fyldt med magiske kærlighedskræfter i hver en bid.

Nu er der to versioner af denne historie. I den første elskede prinsen kagen så meget, at han straks forelskede sig i kvinden, og de levede lykkeligt til deres dages ende. I den anden version forelskede han sig ikke i hende, og hun endte med at spise hele kagen selv.

Ingredienser:

Kagebunde:
2,5 dl. mel
210 g. sukker
1½ tsk. bagepulver
¼ tsk. salt
3 æg, separerede
6 spsk. vand
4 spsk. olie
Reven skal af 1 citron
½ tsk. kardemommepulver

Creme:
6 dl. piskefløde
¼ tsk. safrantråde
70 g. flormelis
2 tsk. rosenvand

Til pynt:
Pistacienødder
Kandiseret rosenblade

Fremgangsmåde:

Start med at varme ovnen op på 175°C.
Smør to springforme på 20 cm. og læg bagepapir i bunden.

Bland mel, halvdelen af sukkeret, bagepulver og salt i en stor skål.

Pisk æggeblommer med vand, olie, citronskal og kardemomme. Hæld det i melblandingen, og pisk til dejen er glat.

Pisk æggehvider indtil de begynder at danne bløde toppe, og tilsæt gradvist resten af sukkeret. Pisk indtil hviderne bliver stive, og fold dem forsigtigt i dejen lidt af gangen. Del dejen imellem de to smurte forme.

Bages midt i ovnen til de er gyldne. Ca. 25 minutter.
Lad dem køle af i formen på en bagerist, i 15-20 minutter, og tag herefter bagepapiret af bunden. Lad dem køle helt af.

Hæld 1 ¼ dl. fløde i en lille gryde sammen med safrantrådene, og bring det til at simre. Tag det af varmen, og lad det trække i 20 minutter. Sæt evt. et stykke film helt ned over fløden (det forhindrer at der dannes skind på). Køl det herefter helt af, gerne i køleskabet.

Pisk resten af fløden sammen med flormelis, til det begynder at danne bløde toppe. Hæld, i en tynd stråle, safranfløden i, og pisk igen til fløden tager form. Vend forsigtigt rosenvandet i.

Placer den ene kagebund på et fad med bunden op. Fordel ca. 2,5 dl. af cremen jævnt herpå, og læg den anden bund, med bunden nedad, ovenpå. Fordel resten af cremen på top og sider, og sæt kagen på køl i minimum 1 time og maksimum 7 timer.

Ved servering pyntes kagen med pistacienødder og rosenblade.

SESAMKARAMEL

Sohan konjedi

Ingredienser:

3½ spsk. honning (ikke den flydende)

150 g. sukker

2 dl. sesamkerner

4 spsk. safraninfusion

4 spsk. olie

Fremgangsmåde:

Start med at lave en safraninfusion af ½ tsk. safranpulver og 4 spsk. vand.

Bring sukker, honning og olie i kog, og lad det simre, uden at røre for meget i det, til det er blevet gylden brunt.

Tilsæt sesamkerner og safran, og rør rundt. Lad det simre videre til det er kogt godt ind.

Smør et stykke folie med olie, og lav en prøve ved at dryppe lidt af karamelmassen herpå. Hvis massen stivner hurtigt er det færdigt, og du kan sætte små mængder med en teske på det olieret folie. Fortsæt til der ikke er mere, og lad det køle af. Læg det i en lufttæt beholder når det er stivnet, og opbevar dem i køleskabet.

MARCIPAN MORBÆR

Toot

Bliver til ca. 35 stk.

Ingredienser:

2,5 dl. mandelsplitter

2 dl. flormelis

20-30 ml. rosenvand

1,25 dl. sukker

15 pistacienødder

Fremgangsmåde:

Hæld mandelsplitter og flormelis i en foodprocessor, og blend forsigtigt til mandlerne er malet.

Hæld gradvist rosenvandet i, og fortsæt med at blende forsigtigt.

Hæld sukkeret i en dyb tallerken.

Når det har samlet sig til en "dej", tager du en mængde, svarende til en stor hasselnød, og former kegleformet. Rul den herefter forsigtigt i sukkeret, og sæt en pistaciesplit i bunden af keglen.

Arranger dem pænt på et fad og servér.

PERSISK NOUGAT

Gaz

Bliver til ca. 50 stk.

Ingredienser:

Marengs:
2 æggehvider
2,5 dl. sukker
1,25 dl. glukosesirup
2 spsk. vand

Fyld:
3 dl. pistacienødder
2 spsk. smør
2 tsk. rosenvand
1 tsk. vanilje ekstrakt

Sirup:
3,75 dl. sukker
3,75 dl. glukosesirup

Fremgangsmåde:

Start med at smøre en stor skål samt en lille bradepande med smør.

Marengs:
Pisk æggehviderne stive.

Sukker, glukosesirup og vand varmes op i en lille gryde ved middel varme. Rør rundt indtil sukkeret er smeltet, og er begyndt at simre. Skru ned for varmen, og lad det simre videre i 10 minutter. Rør ikke rundt.

Hæld stille og roligt siruppen ned i æggehviderne imens du pisker, og fortsæt med at piske i 8-10 minutter indtil det er stift. Hæld det over i den smurte skål.

Sirup:

Hæld sukker og glukose i en lille gryde, og varm det op ved middel varme. Bring det i kog og lad det simre videre i 10 minutter, men under jævnlig omrøring.

Hæld siruppen over din marengs, og rør det sammen med en træ-grydeske.

Fyld:

Smelt de 2 spsk. smør, og bland det sammen med rosenvand og vanilje ekstrakt. Hæld det i marengsblandingen og rør rundt.

Tilsæt pistacienødderne, og hæld blandingen over i den smurte bradepande.

Lad det køle af et par timer i køleskabet, og skær det herefter ud i små firkanter. Drys lidt mel over og vend dem rundt så de ikke klistrer sammen.

Opbevar dem i køleskabet i en tæt bøtte med bagepapir imellem lagene.

SMÅ LETTE KAGER

Shirini Latifeh

Ingredienser:

Kagebundene:

2 æg

50 g. sukker

¼ tsk. vaniljesukker

70 g. mel

¼ tsk. salt

1/8 tsk. bagepulver

Flødeskum:

2,5 dl. piskefløde

2 spsk. flormelis

½ tsk. vaniljesukker

1-1 ½ spsk. rosenvand

Pynt:

20-30 pistacienødder

Fremgangsmåde:

Start med at tænde ovnen på 180°C.

Separer æggene.

Pisk æggehviderne stive, og tilsæt 25 g. sukker. Pisk til sukkeret er opløst.

I en anden skål piskes æggeblommer med 25 g. sukker og ¼ tsk. vaniljesukker til en tyk creme.

Vend hviderne sammen med æggeblommerne, og tilsæt herefter mel, salt og bagepulver. Vend det forsigtigt sammen.

Beklæd en bageplade med bagepapir, og hæld dejen i en sprøjtepose uden tyl.

Sprøjt dejen ud i 16 små kager, og drys med flormelis.

Bag i 10-12 minutter til kagerne er let gyldne.

Lad dem køle helt af.

Hak pistacienødderne meget fint, og sæt dem til side.

Pisk fløde, flormelis og vaniljesukker til flødeskum. Tilsæt rosenvandet, og pisk det sammen. Det skal være en fast flødeskum. Smag til om der skal mere flormelis eller rosenvand i.

Hæld flødeskummet i en sprøjtepose med stjernetyl, og sprøjt det langs kanten, på halvdelen af bundene, slut af i midten. Læg toppen på, og drys flødekanten med de finthakkede pistacienødder.

MÆLKERIS (RISENGRØD)

Shir berenj

Ingredienser:

120 g. jasmin ris	**Topping:**
5 dl. vand	Sirup
1-2 tsk. salt	Flydende honning
Sukker (valgfrit)	Kardemomme
7,5 dl. sødmælk	Syltetøj
1-1,5 spsk. rosenvand	Nødder

Fremgangsmåde:

Skyl risene indtil vandet er klar.

Hæld 5 dl. koldt vand i en gryde sammen med risene og salt.

Bring det i kog ved middel varme, og lad det koge indtil risene er kogt ud, og det meste af vandet fordampet. Det tager ca. 15 minutter.

Varm imens mælken op i en gryde.

Tilsæt mælken gradvist, og kog op under omrøring til det tykner. Tilsæt rosenvand, og kog videre indtil det er cremet og tykt. Du kan søde grøden hvis du foretrækker at den er lidt sød. Smag evt. til med mere rosenvand og salt.

Tag gryden af varmen, og fordel grøden i portionsskåle. Lad skålene stå på køkkenbordet i 10 minutter, og dæk dem herefter med vita-wrap.

Sæt dem i køleskabet i 2-3 timer.

Server de afkølede mælkeris med diverse toppings i små skåle.

MANDELKARAMEL

Sohan asali

Ingredienser:

3½ spsk. honning (ikke den flydende)

150 g. sukker

2 dl. mandelsplitter

4 spsk. safraninfusion

4 spsk. olie

Pistacienødder, hakkede

Fremgangsmåde:

Start med at lave en safraninfusion af ½ tsk. safranpulver og 4 spsk. vand.

Bring sukker, honning og olie i kog, og lad det simre uden at røre for meget i det til det er blevet gylden brun.

Tilsæt mandelsplitter og lad dem ligeledes blive gyldne. Lad ikke karamellen blive for mørk.

Tilsæt nu safran og rør rundt.

Smør noget folie med olie, og lav en prøve ved at dryppe lidt af karamelmassen herpå. Hvis massen stivner hurtigt er det færdigt, og du kan sætte små mængder med en teske på det olieret folie. Fortsæt til der ikke er mere, pynt med de hakkede pistacienødder, og lad dem køle af. Læg mandelkaramellerne i en lufttæt beholder når de er stivnet, og opbevar dem i køleskabet.

CHOKOLADE- OG BANAN MOUSSE

Mousse moz va chocolat

Ingredienser:

180 g. mørk chokolade
2,5 dl. bananmos (ca. 3
bananer)

1 tsk. vanilje
2,5 dl. fløde

Fremgangsmåde:

½ dl. fløde varmes forsigtigt op, og chokoladen tilsættes. Rør rundt til det er smeltet, og tilsæt herefter bananmosen. Skulle chokoladen klumpe lidt, kan du blende massen med en stavblender, på denne måde bliver det en glat mousse. Lad massen køle af.

Den resterende fløde piskes til bløde toppe, og chokolademassen vendes forsigtig i.

Hældes i passende portionsglas, og stilles koldt.

TAK

Tak til min mor og far, som lærte mig at lave mad. Jeg var ikke særlig gammel da jeg fik mit første køkkenudstyr. Jeg kan huske at jeg altid skulle stå ved siden af min mor og lave nøjagtig det samme som hun. Senere var det min far der overtog madlavningen, og også her var jeg med. Her var det sjældent madlavning med en opskrift, men derimod smagssansen der blev brugt. Tak til min faster som var en fantastisk kok, og som selv elskede at eksperimentere. Det var rart at have nogen at snakke "mad" med. Tak til mine eks-svigerforældre som var fantastiske til at lave persisk mad. Foruden dem ville denne bog ikke have blevet til noget. Og til sidst, men ikke mindst, tak til min eks-kæreste og mine børn som har udholdt og smagt en del forskellige og ikke altid så vellykkede retter.

C. Tolstrup

REGISTER

A

Advieh
Auberginer med kashk   40

B

Baklava med valnødder   106
Barbar brød   37
Brød med fetaost og vandmelon   24

C

Cherrytomater i eddikelage   20
Chokolade- og bananmousse   129

F

Fyldte grøntsager   83

G

Gryderet med svesker   61
Gulerodsris med kylling   98

K

Karamel dessert   103
Kartoffelfrikadeller med oksekød   32

Kartoffelfrikadeller med tun   31

Kebab af hakket oksekød   94

Kylling i granatæblesauce   56

Kylling med safran   91

Kyllinge kebab   92

Kyllingesalat med kartofler   34

M

Makaroni   78

Mandelkaramel   128

Marcipan morbær   118

Mos med gule flækærter og kød   64

Mælkeris (risengrød)   126

P

Persisk kærlighedskage   114

Persisk nougat   120

Pirogger med oksekødsfyld   28

R

Ris   10

Ris med hvidkål og kødboller   69

Ris med nudler   88

Risbudding   109

Risbudding med safran   104

Risfad med kylling og yoghurt   73

Risret med berberis   65

Risret med grønne bønner   81

Risret med hestebønner og dild   71

Risret med linser   76

Risret med mungbønner   96

Rosin småkager   112

S

Safran infusion   13

Sammenkogt ret med aubergine   53

Sammenkogt ret med bladselleri   60

Sammenkogt ret med gule flækærter   50

Sammenkogt ret med kylling   68

Sammenkogt ret med mandelflager   44

Sammenkogt ret med okra   49

Sammenkogt ret med squash   47

Sammenkogt ret med urter   58

Sesamkaramel   117

Skalotteløg i eddikelage   21

Små lette kager   123

Småkager med rismel   110

Store kødboller med ris   86

T

Traditionel salat fra Shiraz   16

U

Urtefad   18

Y

Yoghurt læskedrik   27
Yoghurt med agurk   25
Yoghurt med agurk og rosiner   19
Yoghurt med skalotteløg   26

Æ

Æggekage med urter   22
Æggeret med auberginer   36

NOTER

Har du det som mig, så vil du elske at have et par sider til at skrive dine noter i.

NOTER

Noter

NOTER

Lightning Source UK Ltd.
Milton Keynes UK
UKHW050622030122
396544UK00008B/414